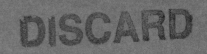

Todos son mis favoritos

Sam McBratney

ilustrado por Anita Jeram

KóKINOS

Había una vez

una mamá osa,

un papá oso

y tres ositos.

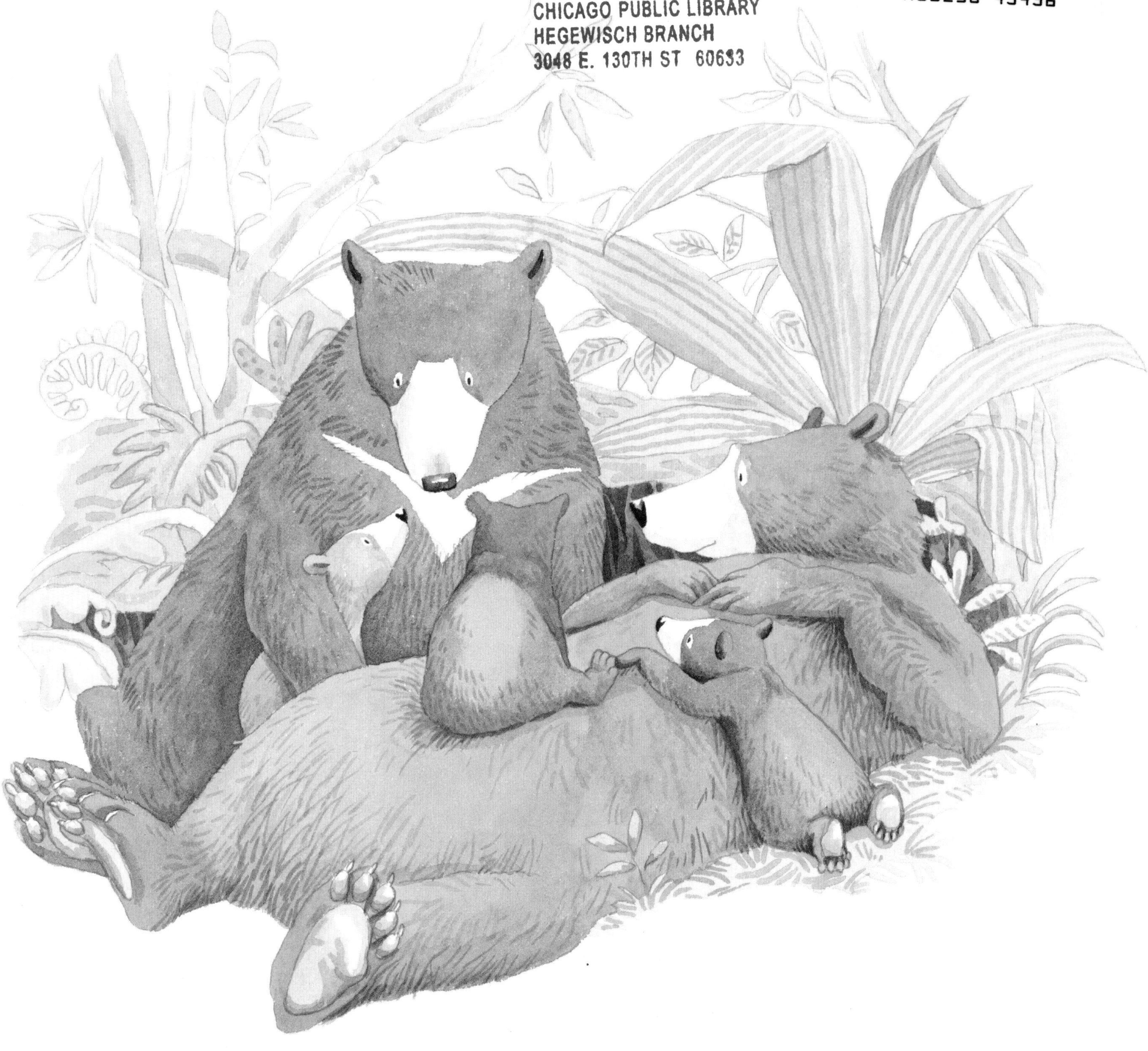

El primer osito.   El segundo osito.

Y el tercer osito.

Cada noche, al acostarlos, sus padres

siempre les decían lo mismo:

—¡Son los ositos más maravillosos

del mundo!

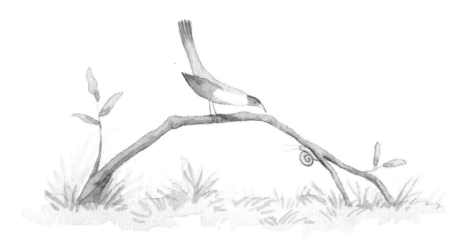

Una noche, después de que Mamá Osa

los hubiera arropado y les hubiera dicho:

"Son los ositos más maravillosos del mundo",

los ositos preguntaron a Mamá Osa…

—¿Y cómo lo sabes?

¿Cómo sabes que somos los ositos

más maravillosos del mundo?

—Porque Papá Oso me lo dijo

—contestó Mamá Osa—.

La noche en que nacieron, cuando papá los vio

por primera vez, dijo —y lo recuerdo muy bien—:

"Son los ositos más preciosos que he visto en mi vida.

Creo que son los ositos más bonitos que nadie

ha visto jamás".

Los ositos se acurrucaron en la cama

con una sonrisa de felicidad.

Aquélla sí que había sido una buena respuesta.

Pero un día, el primer osito comenzó
a preguntarse si sus hermanos no serían mejores
que él. Ellos tenían manchas en la piel y él no.
Quizás a su mamá lo que más le gustaban
eran las manchas en la piel.

Y el segundo osito se preguntó:

"Quizá Papá Oso prefiere a los otros dos".

Después de todo, ellos eran chicos

y ella no.

Y el tercer osito comenzó

a preocuparse.

"Yo soy el más pequeño", pensó.

"Todos son más grandes que yo".

Así que, aquella noche, los tres ositos le preguntaron a Papá Oso:

—¿Pero cuál de nosotros tres te gusta más?

¿Cuál es tu favorito?

No podemos ser todos el mejor.

—Sí que lo son —contestó Papá Oso—.

Lo sé porque se lo oí decir a Mamá Osa.

Cuando ella te vio por primera vez —dijo Papá Oso,

tomando al primer osito en sus brazos—,

te miró y dijo: "Éste es el osito más

maravilloso que nadie ha visto jamás".

—¿Aunque no tenga manchas?

—Eso no tiene ninguna

importancia —contestó

Papá Oso, abrazándolo.

—Y cuando tu mamá te vio por primera vez —le dijo Papá Oso al segundo osito alzándolo en brazos— ella dijo:

"Ésta es la osita más maravillosa que nadie ha visto jamás".

—¿Aunque no sea un chico?

—Chico o chica, eso no importa —le contestó su papá, mirándola con ternura.

—Y en cuanto tu mamá te vio —le dijo Papá Oso

al tercer osito, acunándolo en sus brazos— ella dijo:

"Éste es el osito más maravilloso

que nadie ha visto jamás".

—¿Aunque sea el más pequeño?

—Grande o pequeño, eso no importa.

Los queremos a los tres por igual.

Así que, ¡todos son nuestros favoritos!

Y los tres ositos más maravillosos del mundo
se fueron a dormir contentos porque aquélla
sí que había sido una buena respuesta.

Para todos *mis* favoritos:

Sam y Daniel y Jack

y Adam y Ella   ~ *S. M^cB.*

Para Joe, Danny y Kitty   ~ *A. J.*

Título original: *You are all my favorites*
Publicado con el acuerdo de Walker Books Ltd, London SE11 5HJ
© Del texto: Sam McBratney, 2004
© De las ilustraciones: Anita Jeram, 2004
© De esta edición: Editorial Kókinos, 2004
Web: www.editorialkokinos.com
Traducido por Esther Rubio-Teresa Mlawer
Impreso en China - *Printed in China*
ISBN: 84-88342-67-5